A Child Who Knows Politics

When people say 'politics', they regard it as something only politicians can do. But politics is possible because there are the people. People think and behave differently, but there's a reason why people come together to form a country. That's because humans need to cooperate to survive.

Newborn animals can learn to walk pretty quickly, even if they stumble at first. They can look for food and run away from scary lions and tigers. On the other hand, a newborn baby will keep crying unless it is helped.

And so, people should live with other people from the moment they are born. Although we want different things, we need to agree on our thoughts to a certain extent if we want to live well. This is where politics come in.

Politics is within all of you. It's just that you never thought about it. People can have different opinions on how to share a loaf of bread. Someone will come up with an opinion first. Some people will accept that opinion, and some people will reject it. Other people can then offer their own opinion. Then someone may organize all the opinions. And there will still be people that give different opinions, or that agree with the previous ones. Through this process, people can share bread with some satisfaction. This is politics.

The only difference between politicians and the people is that they do politics on behalf of the people using taxes paid by the people as salaries. Politics is not just around the National Assembly or Cheongwadae. It's around you, too. Now let's look for politics near you.

In the Text
- *Our daily life and politics*
- *The participation of the people in politics*
- *The presidential system and Monarchy*
- *Elections and Voting*
- *Legislature*
- *Law and Judicial system*

정치
좀 아는
어린이

풀과바람 지식나무 51
정치 좀 아는 어린이
A Child Who Knows Politics

1판 1쇄 | 2023년 6월 5일

글 | 이영란
그림 | 박상훈

펴낸이 | 박현진
펴낸곳 | (주)풀과바람
주소 | 경기도 파주시 회동길 329(서패동, 파주출판도시)
전화 | 031) 955-9655~6
팩스 | 031) 955-9657
출판등록 | 2000년 4월 24일 제20-328호
블로그 | blog.naver.com/grassandwind
이메일 | grassandwind@hanmail.net

편집 | 이영란
디자인 | 박기준
마케팅 | 이승민

ⓒ 글 이영란, 2023

이 책의 출판권은 (주)풀과바람에 있습니다.
저작권법에 의해 보호를 받는 저작물이므로 무단 전재와 복제를 금합니다.

값 13,000원
ISBN 978-89-8389-153-2 73340

※잘못 만들어진 책은 구입처에서 바꾸어 드립니다.

제품명 정치 좀 아는 어린이 | **제조자명** (주)풀과바람 | **제조국명** 대한민국	⚠ **주의**
전화번호 031)955-9655~6 | **주소** 경기도 파주시 회동길 329	어린이가 책 모서리에
제조년월 2023년 6월 5일 | **사용 연령** 8세 이상	다치지 않게 주의하세요.
KC마크는 이 제품이 공통안전기준에 적합하였음을 의미합니다.	

정치 좀 아는 어린이

이영란 글 | 박상훈 그림

풀과바람

머리글

'정치' 하면 정치인들이 하는 일로 여기죠. 그러나 정치가 이루어지는 나라에는 국민이 있어야 해요. 국민은 저마다 생각도 습관도 다릅니다. 이런 사람들이 모여 나라를 이루었을 때는 이유가 있습니다. 그것은 인간다운 삶을 살기 위해 힘을 합쳐야 할 필요가 있기 때문이지요.

인간은 동물과 달리 혼자서는 살 수 없어요. 동물은 갓 태어난 새끼조차도 금방 비틀거리며 일어나 걷습니다. 먹을 것을 찾아다닐 수 있고, 무서운 사자나 호랑이를 피해 도망갈 수도 있어요. 반면, 인간은 누군가의 도움이 필요해요. 갓 태어난 아기는 누군가가 돕지 않으면 울기만 하다가 끝날 겁니다.

이렇듯 사람은 태어난 순간부터 사람들 속에서 살아야 해요. 하지만 사람들은 각자 원하는 게 다릅니다. 다 같이 어우러져서 잘 살려면 생각을 어느 정도 일치시켜야 해요. 이를 위해 정치가 있는 거예요.

정치는 여러분들 사이에도 있어요. 단지 그것이 정치라고 생각해 본 적이 없을 뿐이죠. 빵 하나를 놓고도 어떻게 나눠야 할지 의견이 분분해요. 누군가 나서서 의견을 내놓을 겁니다. 그것을 받아들이는 사람도 있고, 아닌 사람도 있지요. 그러면 누군가 나서서 의견들을 모읍니다. 계속해서 다른 의견을 내놓거나 앞선 의견에 찬성하는 사람이 있을 거예요. 이런 과정을 거쳐서 모두가 만족스럽게 또는 큰 불만 없이 빵을 먹을 수 있게 하는 것, 이런 것이 정치예요.

정치인이 우리와 다른 건, 그들이 국민의 세금을 받아 국민을 대신해서 책임을 지고 최대한 많은 사람이 만족할 수 있도록 정치를 한다는 것뿐이에요. 정치는 국회나 청와대에만 있는 게 아니에요. 여러분 주변에도 있어요. 이제 그 가까이 있는 정치를 찾아보아요.

이영란

차례

01 우리 생활과 정치 1
　- 평등과 자유의 갈림길 --- 6

02 우리 생활과 정치 2
　- 예쁘게 꾸미고 싶은 자유 --- 16

03 국민의 정치 참여 1
　- 외롭지만 강한 목소리 --- 26

04 국민의 정치 참여 2
　- 사이버 외교관은 공무원? --- 36

05 대통령제와 군주제
　- 영국 여왕이 되고 싶은 꿈 --- 46

06 선거와 투표 1
　- 대선이와 지선이 --- 54

07 선거와 투표 2
　- 공약은 빈말이 돼선 안 돼 --- 64

08 입법부
　- 양복 입은 싸움꾼들 --- 74

09 법과 심판 제도
　- 옳고 그름을 가려내는 일 --- 84

정치 관련 인물 소개 --- 94
정치 관련 단어 풀이 --- 97

01 우리 생활과 정치 1
평등과 자유의 갈림길

"학교 다녀왔습니다."

문 여는 소리가 들렸을 텐데도 식탁에 마주 앉은 엄마 아빠는 민호 쪽을 쳐다보기는커녕 이야기만 하고 있어요. 민호는 혼날 일이 있나 싶어 살짝 기가 죽은 목소리로 물었어요.

"무슨 일 있어?"

"넌 몰라도 돼."

아빠는 엄마를 한 번 보더니 민호에게 말했어요,

"미안, 민호야. 엄마가 마음이 편치 않아서 그런 거야. 이해해 줄 거지?"

민호는 배시시 웃으며 고개를 끄덕였어요.

"형이 고등학생이 되잖아. 너도 알다시피 형은 공부를 잘하니까, 좋은 학교에 보내야 하나, 가까운 곳에 보내야 하나 이야기를 나누고 있었어."

"엄마 친구 중 한 명은 요즘 세상에 명문 학교가 어디 있냐고 하고, 다른 친구는 그래도 명문 학교는 있다면서 아이가 수준에 맞는 교육을 받는 게 중요하다고 하고. 또 다른 친구는 고교 평준화 때문에 명문 고등학교에 진학할 자유를 빼앗겼다고 막 흥분하고…."

아빠는 민호의 머리를 쓰다듬으며 말했어요.

"그래서 좋은 학교가 있는 데로 이사를 해야 하나 그걸 고민하는 거야."

민호는 얼굴이 저절로 찌푸려졌어요.

"그럼 나는? 형 때문에 이사하면 나는 친구들과는 헤어져야 하잖아."

엄마는 한숨을 내쉬었어요.

"그래, 그래서 이렇게 엄마 아빠가 너 오는 줄도 모르고 한참 이야기하고 있었어."

민호는 잠시 생각하는 듯하더니 엄마를 보며 말했어요.

"엄마, 엄마 친구들이 형과 나는 아니잖아. 이런 건 가족회의를 해야지. 형과 내 의견이 더 중요하다고. 그리고 형은 똑똑하고 공부를 좋아하니까, 어떤 학교에 가든 잘할 거야."

엄마는 동그래진 눈으로 민호를 바라봤어요. 아빠는 껄껄 웃었지요.

"민호 말대로 가족회의 하자. 우리 민호도 똑소리 나는구나. 역시 나를 닮았어. 그렇지 여보?"

민호는 어깨를 으쓱해 보이고는 방으로 들어갔어요.

고교 평준화

고교 평준화는 한국에서 1974년에 도입된 제도예요. 당시에는 연습장이 까맣게 되도록 써서 외우는 일이 흔했어요. 이런 공부법으로는 창의력을 키울 수 없었어요. 외우기만 해서는 좋은 성적을 기대할 수 없으니까요.

평준화 전에는 학교별로 시험을 치러 학생을 뽑는 고교 선발제였어요. 명문 고등학교에는 성적이 좋은 학생들이 모여들었지요. 그래서 학교마다 학업 수준에서 큰 차이가 났어요. 서울 같은 대도시에 몰려 있는 일류 또는 명문 고등학교에 진학하기 위해 무리하게 이사하거나 사교육을 하는 일이 생겼어요.

나라에서는 이를 막기 위해 고교 평준화를 시행했어요. 추첨을 통해 해당 지역에 있는 모든 일반계 고등학교에 학생을 고루 나누어 보내는 거예요. 학생들은 고교 입시를 위해 경쟁하지 않아도 됐어요. 학교 수준이 그만그만해져서 학생들이 배우는 내용도 비슷해졌어요. 고등학생 재수생도 사라졌지요. 하지만, 시험을 치르지 않아도 고등학교에 진학할 수 있어서 이전보다 열심히 공부하지 않는 학생들이 많아졌어요. 수업 분위기를 망치는 학생들이 늘어서 성적이 우수한 학생들은 학습 의욕이 사라지는 단점도 생겼답니다.

'존 스튜어트 밀'이 알려 주는 자유와 평등 그리고 합의

고교 평준화의 장점은 모든 학생이 같은 수준의 교육을 받을 수 있다는 거야. 반면, 성적이 우수한 아이들은 한층 수준 높은 교육을 받고 싶어도 그럴 수가 없지.

교실에는 똑똑한 아이와 공부를 하기 싫어하는 학생들이 있어. 선생님은 이 아이들을 어떻게 가르쳐야 할까? 똑똑한 아이에 맞춰서 어려운 문제를 내면, 다른 아이들은 수업에 흥미를 느낄 수 없을 거야. 반대로 쉽게 가르치면 똑똑한 아이는 수업이 시시하다고 여길 테지.

여기서 몇 가지 고민해 봐야 할 게 있어. 모든 아이가 같은 수준의 교육을 받게 하는 '평등'의 정신이 우선되어야 할까? 아이들이 각자 원하는 수준의 교육을 받을 '자유'가 우선돼야 할까? 그리고 이런 건 누가 결정해야 할까? 선생님이나 학교 교장? 교육을 받는 학생들?

누가 결정하더라도 반대 의견이 있을 거야. 학생, 부모, 선생님 등 많은 사람에게 영향을 끼치는 데다 계속해서 반대에 부딪힐 수 있는 일이라면 민주적인 토론을 거쳐 합의를 끌어내는 과정이 필요해. 합의를 이루는 방법에는 어떤 사안을 결정하기 전에 공개적으로 시민들의 의견을 듣는 공청회를 한다던가, 국민 또는 시민 청원같이 인터넷으로 사람들의 의견을 듣는다거나, 설문 조사를 할 수도 있어.

'존 스튜어트 밀'이 생각하는 자유란?

《자유론》을 쓴 사람으로서 '**자유**'에 대해 말하자면, 사람은 각자 최대한의 자유를 누려야 해. 단, 다른 사람에게 해를 끼치게 될 때는 예외야. 하지만 생각 외로 내가 하고 결정한 일들이 남에게 영향을 끼치는 일이 많아. 남이란, 오롯이 내가 아닌 사람들을 말해. 그러니 남에는 가족도 포함되지. 남에게 좋은 일이라고 해서 그 사람의 의견이나 자유를 무시해서는 안 돼. 남과 관련되어 있을 때는 항상 상대방의 의견을 물어보도록 하자.

02 우리 생활과 정치 2
예쁘게 꾸미고 싶은 자유

아리네 거실에는 두꺼운 앨범과 사진들이 펼쳐져 있어요. 아리는 사진 두 장을 나란히 들고 할아버지와 할머니를 번갈아 보았어요.

"할머니 할아버지, 머리가 왜 이렇게 짧아요? 옷은 하나도 안 예쁘고, 가방은 다 똑같네."

할머니는 웃으며 말했어요.

"우리가 학교 다닐 때는 검정 교복에 검정 가방을 들어야 했어. 머리카락은 엄청 짧았지."

"헐, 너무해. 학생들은 외모 좀 꾸미면 안 되는 거야?"

그때 고모가 과일과 음료를 들고 거실로 오면서 말했어요.

"나는 교복을 안 입었는데, 내 친구들은 교복을 입었거든. 그래도 학교마다 디자인이 조금씩 달라서 좀 나았지. 그런데 할아버지 할머니 세대에는 교복이 다 똑같았대."

"엄마 아빠는 교복 입었어?"

아빠와 주거니 받거니 도란도란 설거지하던 엄마가 돌아보며 말했어요.

"우리는 같은 학교 다녔잖아. 우리 학교 교복이 젤 예뻐서 다른 학교 애들이 부러워했어."

고모가 이어서 말했어요.

"우리 학교는 교복을 안 입는 대신 여자는 치마 입는 날이 따로 있었어. 머리도 길게 풀어 헤치면 안 됐고. 영어가 쓰여 있는 옷도 입으면 안 됐다니까."

"말도 안 돼. 끔찍하다."

할아버지가 교복을 입고 까까머리를 한 자신의 사진을 들고 말했어요.

"할아버지는 어른이 되어서도 장발 단속 때문에 머리를 길러보질 못했어. 옆머리가 귀를 덮어도 안 됐고, 뒷머리가 옷깃을 덮어도 안 됐지."

할머니는 불쑥 바지를 걷어 다리를 드러내며 말했어요.

"지금도 다리가 이렇게 예쁜데, 나도 미니스커트가 얼마나 입고 싶었던지. 경찰들이 자를 들고 다니면서 미니스커트를 입은 여성들을 단속하곤 했단다. 단속 기준이 무릎 위 20센티였나 그랬을걸."

아리는 입을 벌린 채 주변을 돌아봤어요.

"할머니, 할아버지, 고모는 모두 다른 나라 사람 같아."

두발 자율화

두발 자율화는 염색, 파마같이 머리에 큰 변화를 주는 것이 아닌 한 학생들이 두발을 자유롭게 할 수 있게 하는 제도예요. 1982년에 중·고등학생의 교복 자율화와 함께 실시됐어요. 1985년 이후에 옷을 사는 데 돈이 많이 든다는 이유로 교복이 다시 등장했고, 학교마다 각기 다른 디자인으로 구별해서 입고 있어요.

현재는 학생들의 두발 제한과 관련하여 찬반 논란이 있어요. 반대하는 쪽에서는 학생들이 스스로 결정할 수 있어야 하는데, 이는 생명·신체·정신의 자유에 대한 권리인 인격권을 침해하므로 폐지돼야 한다고 주장해요. 반면, 찬성하는 쪽에서는 머리가 길면 공부하는 데 방해가 되고, 학생들이 어른 흉내를 내며 가지 말아야 할 장소에 간다든가 하는 이유를 들고 있어요.

'장 자크 루소'가 말하는 인권과 차별

'**인권**'은 **인**간으로서 당연히 누려야 할 **권**리를 뜻하는 말이야. 그렇다면 '권리'란 무엇일까? 자유로울 권리, 차별받지 않을 권리, 일할 권리, 사람답게 살 권리 등이 있어. 고대에도 인권을 중요하게 여겼지만, 왕이 나라를 다스리던 시절에는 오늘날과 같은 인권을 누리기가 어려웠지.

세계 3대 시민 혁명으로 꼽히는 영국 혁명, 프랑스 혁명, 미국 혁명이 일어나고, 영국의 권리 장전, 프랑스 인권 선언, 미국 독립 선언 등이 발표되면서 오늘날 인권의 바탕이 됐어. 그리고 법으로 보장됐지.

우리가 누리는 인권은 혁명을 거치면서 숱한 희생을 치르고 얻어낸 거야. 그래서 더더욱 소중하게 여기고 이를 지키기 위해 노력하고 있어.

실제로는 인권이 침해되는 경우가 자주 있어. 북한 같은 나라는 헌법에 여행의 자유가 있다고 해. 하지만 여행·출장 증명서를 받아야만 여행을 할 수 있어. 이슬람 이상 국가 건설을 목표로 하는 탈레반이 지배하는 나라는 남녀가 한 공간에 있으면 안 돼. 교실도 따로 써야 할 정도로 남녀 차별이 심해. 많은 국가에서 장애가 있는 사람들은 몸이 불편하거나 지적 능력이 떨어진다는 이유로 취직하는 데 애를 먹고 있어. 피부색이 조금 어둡다는 이유로, 외국인 근로자들은 무시당하거나 일을 하고도 월급을 받지 못하기도 해.

무시되고 있는 어린이 인권

오늘날 전 세계 수십만 명의 어린이들이 어른들의 전쟁에 휩쓸려 총을 들고 싸우고 있어. 심지어 자살 폭탄을 몸에 두른 채 죽기도 해. 콩고 민주 공화국에서는 어린이들이 전기 자동차에 꼭 필요한 광물인 코발트와 리튬 등을 캐내고 있어. 한 달에 7000원이 조금 넘는 돈을 벌기 위해 안전 장비 하나 없이 오염된 광산에서 힘들게 일하고 있지. 해마다 6백만 명이 넘는 어린이가 배고픔과 영양실조로 고통받고 있고, 네 살도 안 된 어린이 약 3억 명 이상이 학대를 받고 있어.

상황이 이런데도 여전히 어린이들은 나이가 어리고 어른보다 힘이 약하다는 이유로 인권이 무시되고 있지. 여기에 인종과 피부색, 성별, 언어, 종교, 출신, 빈부, 장애 여부, 태생, 신분 등으로도 차별받고 있어.

국민의 정치 참여 1
03 외롭지만 강한 목소리

"엄마, 저 사람은 왜 저기 서 있는 거야?"

미영이는 엄마와 함께 차를 타고 집으로 가고 있었어요. 운전대를 잡은 엄마는 힐끔 옆을 쳐다보고는 말했어요.

"1인 시위를 하는 거야."

"시위? 그건 촛불 시위처럼 아주 많은 사람이 모여서 하는 거 아니야?"

"시위는 혼자서도 할 수 있어. 사람들이 관심을 두길 바라는 일이 있나 봐."

뒷좌석에 앉아 있던 미영이는 양팔로 앞좌석을 붙잡고는 엄마 쪽으로 몸을 가까이하려고 애썼어요.

"보통 시위할 때 두 사람 이상 모이면 '우리 시위할 거예요.' 하고 미리 신고해야 하거든. 안 그러면 불법이라서 잡혀가. 혼자서 할 때는 신고를 하지 않아도 되니까…. 정말 다른 사람의 도움이 필요해서 용기 내서 나오기도 하고."

"신고해야 한다고?"

"시위가 시작되면 소음도 생기고, 교통에 방해가 되거든. 뉴스 보면 사람들이 도로를 차지하고 행진하잖아. 미리 신고하면 경찰들이 도로가 막히지 않게 교통정리를 해 둘 수 있어. 어디에서 시위하는지 사람들에게 알려서 대비하라고 알려 주기도 하고."

미영이는 이미 시야에서 사라진 시위자를 찾아 돌아보며 물었어요.

"저렇게 혼자 시위를 하면 효과가 있나?"

"금방 해결되지는 않겠지. 하지만 누군가 신문사나 방송사에 제보해서 관심을 끌도록 도와줄 수 있잖아."

"아하, 방송국이 있었지. 나도 제보해서 저 사람을 도와줄까?"

백미러에 비친 엄마는 눈을 가늘게 뜨고 있었어요.

"나야말로 아빠한테 제보할 거야. 너 학원 끝나자마자 군것질하느라 엄마 한참 기다리게 했다고."

미영이는 귀를 막고 고개를 마구 흔들었어요.

"오 노우 맘. 플리즈 돈 텔 데드. 유 노우 댓. 데드스 네깅 이즈 릴리 테러블(엄마, 제발 아빠에게 말하지 마요. 엄마도 알잖아요. 아빠의 잔소리는 정말 끔찍하다고요)."

1인 시위

시위는 문제를 해결하기 위해 정부가 나서도록 하거나 시민에게 알리려는 방법이에요. 많은 사람이 공개적으로 모여서 의견을 나타내지요.

반면, 1인 시위는 한 사람이 피켓이나 현수막, 어깨띠 등을 두르고 하는 나 홀로 시위를 말해요. 시위는 도로, 광장, 공원 등 사람들이 자유롭게 다닐 수 있는 장소를 행진하거나 오랜 시간 자리를 차지하므로 다른 사람에게 불편을 끼칠 수 있어요. 따라서 집회와 시위에 관한 법률에 따라 미리 신고하고 허가받아야 하지요. 1인 시위는 이런 문제가 없으므로 신고하지 않아도 돼요.

또 국회 의사당, 각급 법원, 헌법 재판소 그리고 대통령을 비롯한 국회 의장, 대법원장, 헌법재판소장, 국무총리 등이 사는 집, 외교 기관 등으로부터 100미터 이내에서는 시위할 수 없어요. 하지만 법률에 시위는 2명 이상이 하는 걸로 정해져 있는 만큼, 1인 시위는 할 수 있죠. 이에 1인 시위는 시위하기 어려운 장소에서도 할 수 있는 국민의 정치 참여 활동 중 하나가 됐어요.

'유관순'의 생각, 국민이 정치에 참여하는 방법

'**시위**'는 문제가 해결될 때까지 계속 앉아 있거나, 특정 장소를 차지하고 떠나지 않거나, 한자리에 모여 계속해서 의견을 말하기도 해. 또 머리카락을 아주 짧게 자르는 삭발을 하거나 음식을 일정 기간 먹지 않는 단식을 하거나, 장례식을 치르는 듯하거나 인형에 불을 지르기도 하지.

　또, 시위자들은 휘발유 등을 넣어 만든 유리병에 불을 질러 던지기도 해. 시위대를 막는 쪽에서는 눈물 콧물 다 흐르게 하는 최루탄을 터트리거나 물대포를 쏘아대.

　폭력이 없는 평화 시위에는 밤에 촛불을 들고 항의하는 촛불 시위가 있어. 촛불 시위는 베트남 전쟁이 한창이던 1968년, 미국에서 마틴 루서 킹 목사 같은 반전 운동가들이 전쟁에 반대해 시위를 벌인 것이 그 시작이야. 한국에서는 미군 장갑차에 깔려 사망한 효순이·미선이 사건, 노무현 대통령 탄핵 반대 촛불 집회, 미국산 쇠고기 수입 반대 촛불 집회, 박근혜 대통령 퇴진 촛불 집회 등이 있었어.

유관순의 3·1 운동 시위

　조선 시대에는 단체로 상소를 올리거나 성균관 학생들이 다 같이 수업을 거부하는 식으로 의견을 드러냈지. 성균관 학생들은 나라를 위해 일할 인재들이었어. 그래서 임금과 조정 신하들이 나라를 제대로 다스리지 못한다면 차라리 배우지 않겠다고 한 거야. 교실에 있어도 못 듣고 안 보이는 척하거나 '아이고~ 아이고~!' 하고 우는 소리를 내면서 임금의 귀를 괴롭히기도 했어.

　이런 고상한 방법으로는 뺏긴 나라를 되찾을 수 없다고 생각했지. 그렇다고 눈에 띄게 시위를 준비할 수도 없었어. 1919년 2월 8일 일본의 도쿄 한복판에서 한국 유학생들이 모여 독립 선언을 외쳤어. 나는 이 방법이 최

선이라고 생각했어. 만세 운동은 뜻은 있지만 감히 나서기 두려워했던 사람들도 쉽게 참여할 수 있거든. 태극기는 품에 숨겨두면 되고 말이야. 나는 만세 시위 도중에 붙잡히고 말았지만, 만주, 연해주, 미국에서도 만세 운동이 벌어졌다더군.

　너희에게 묻고 싶은 게 있어. 독립을 이룬 나라의 국민으로 사는 건 어때? 내가 상상한 대로일까?

04 국민의 정치 참여 2
사이버 외교관은 공무원?

미영이는 아리를 보자마자 달려갔어요. 그러고는 갑자기 몸을 돌려 등에 멘 가방을 보여 줬어요. 가방의 지퍼 끝에는 무언가 대롱대롱 매달려 있었어요.

"미영아, 이거 멋지다. 태극기네. 독도도 있고."

미영이는 가방을 아리의 눈앞에 내려놓고 말했어요.

"내가 엄마를 무지 조르고 있거든. 내 꿈을 이루려면 영국에 가야 해. 요

즘 외국에선 한국 것이라면 뭐든지 인기래. 이걸 가방에 달고 다니면 사람들이 내 주위에 몰려들 거야."

"하하, 넌 언제나 사람을 즐겁게 하는 재주가 있다니까. 네가 영국에서 인기인이 되면 좋겠다. 반크 언니 오빠들도 도와주고⋯."

"반크?"

아리는 스마트폰에서 반크 사이트를 보여 줬어요.

"반크는 '사이버 외교 사절단'이래. 일본이 일본해라고 우기는 동해를 해

외에 알리고 있잖아."

미영이는 왼손 검지를 들고 말했어요.

"맞아. 나도 알아. 세계 지도의 씨 오브 저팬(sea of Japan)을 이스트 씨(East Sea)로 바꾸고, 다케시마를 독도로 바꾸기 위해 오래전부터 애써 왔잖아."

아리는 미영이를 따라 왼손 검지를 들고는 뺨을 가볍게 찔렀어요.

"노래 가사며 영화 자막에도 동해라고 써서 외국인들도 동해라고 알고 있는 사람도 많대."

미영이는 고개를 끄덕이다 말고는 아리의 어깨를 톡톡 쳤어요.

"그런데 반크 언니 오빠들, 나라에서 돈 받고 일하는 거야?"

"글쎄, 잘 모르겠네. 사이버 외교관도 공무원인가. 우리 같은 사람들도 외교관이 될 수 있다고 하는 거 봐선 아닌 것 같기도 하고."

미영이는 스마트폰을 꺼내서 흔들어 보였어요.

"우리에겐 인터넷이 있잖아. 나, 사이버 외교관이 되고 싶어. 참 멋지지 않아?"

"응. 네가 역사도 잘 아는 인기인이 되면 영국 텔레비전에 출연할 수도 있겠다."

아리와 미영이는 의미심장한 미소를 지으며 스마트폰으로 검색하기 시작했답니다.

사이버 외교 사절단

인터넷상에서 민간 외교를 펼치고 있는 사이버 외교 사절단 반크는 NGO(엔지오)입니다. NGO는 사람들이 모여 만든 조직으로, 국민 모두를 위한 일을 하는 단체예요. 스스로 참여하고 여럿이 함께하며 책임을 지는 것을 중요하게 여기지요. 활동 영역에 따라 인권·사회·정치·환경·경제 등의 분야로 나뉘어요. 대표적인 NGO로는 '세계 자연 기금(WWF)', '그린피스(Greenpeace)', '국제 앰네스티(AI:Amnesty International)', '세이브 더 칠드런(Save the Children)' 등이 있어요. 한국에서는 1903년에 등장한 YMCA와 1913년 안창호가 설립한 흥사단이 최초예요.

　반크는 2002년 월드컵이 열리기 1년 전 겨울, 월드컵을 알리기 위해 만들어진 NGO예요. 청소년들은 반크에서 사이버 외교관이 되고, 대학생들은 글로벌 한국 홍보 대사가 될 수 있도록 교육하지요.

　그동안 세계 지도나 외국 친구들이 보는 교과서에 독도가 다케시마로, 동해가 일본해로, 고구려가 중국 역사로 잘못 기록된 것을 발견하고 직접 고칠 것을 요구했어요. 그 결과 최대 지도 제작사 중 하나인 '내셔널지오그래픽'이 고구려 역사를 잘못 기록한 부분과 동해를 일본해로 표기한 것을 바로잡았어요. 영국 공영 방송사 BBC와 미국 정보기관 CIA, 미국 공영 교육 방송 PBS, 미국 대형 교과서 출판사 BJU 프레스 등도 이를 고쳤어요. 정식 외교관이 아니어도 청소년들이 직접 의견을 전달해 잘못된 것을 바로잡을 수 있다는 것을 보여 주고 있답니다.

'에글렌타인 젭'이 말하는 국민의 정치 참여

NGO는 사회의 여러 문제를 해결하기 위해 시민이 스스로 만든 모임인 시민 단체와 마찬가지로, 국민이 정치에 참여하는 방법 중 하나란다.

물건, 서비스, 인력, 기술, 문화 등이 국경을 넘어 자유롭게 넘나들면서 부자는 더욱 돈방석에 앉고, 가난한 사람은 여전히 빈곤한 삶을 살고 있어. 그러는 사이 의료, 가난, 노동, 인권, 평화, 여성 등 다양한 문제가 생겨났지. 더는 한 국가만의 일이 아니게 된 거야. 이에 유엔(UN), 경제 협력 개발 기구(OECD), 국제 통화 기금(IMF), 세계 무역 기구(WTO) 등 많은 국제 조직이 생겼어. 하지만 인권, 환경, 평등과 복지, 세계 평화 등 국제적인 문제를 해결하기에는 나라마다 의견이 달라서 쉽지 않아. 그래서 많은 국제 NGO가 속속 등장하게 됐어.

관심이 있는 NGO 단체가 있다면 후원금을 기부함으로써 간접적으로 활동에 참여할 수 있어.

에글렌타인 젭의 정치 참여

난 '세이브 더 칠드런'이라는 NGO를 세웠어. 어린이의 인권 보호 단체로서, 이름 그대로 '아이들을 구하라'는 뜻을 가지고 있어. 내가 이 단체를 만들기 전 유럽은 1차 세계 대전 때문에 수많은 어린이가 가난과 배고픔에 시달리고 있었어. 전쟁이 끝난 뒤에도 러시아·영국·프랑스 등의 연합군이 실시한 봉쇄 정책으로 적국이었던 독일과 오스트리아의 어린이들은 더욱 힘들었지. 그래서 이들을 위한 기금을 마련하기 위해 '세이브 더 칠드런'을 세

웠어. 지금은 세계 모든 어린이의 권리를 보호하기 위해 활동하고 있어.

누군가를 돕고 싶다면 뜻이 맞는 사람들과 의견을 나눠 봐. 그리고 어떻게 하면 좋을지 계획을 세워 보는 거야. 다른 단체들은 어떻게 했는지 알아보면 도움이 될 거야. 지금 당장 하지 않아도 돼. 언제나 도움이 필요한 사람들은 있으니까 말이야.

05 대통령제와 군주제
영국 여왕이 되고 싶은 꿈

수업이 끝나는 소리가 울리기가 무섭게 몇몇 아이들이 한곳을 향해서 모였어요. 한 아이가 물었어요.

"너 정말 그 꿈이 이뤄질 거로 생각해?"

"당연하지. 난 영국에 가서 영국 여왕이 될 거야. 내가 영어 잘하는 거 다들 알지?"

미영이는 허리춤에 팔까지 올리며 말했어요.

"넌 한국 사람이잖아. 어떻게 영국 여왕이 되겠다는 건데?"

"너희 참, 세상을 너무 몰라. 페루의 90대 대통령이 누군지 알아? 일본 사람이야."

현승이는 고개를 절레절레 저으며 말했어요.

"대통령하고 여왕이 같냐?"

미영이는 검지를 들어 보였어요.

"나도 다 알아봤다고. 프랑스의 부르봉 왕가는 스페인(에스파냐), 이탈리아 왕이 되기도 했어. 그리스의 왕은 덴마크 왕족이었어."

그때 몰려 있는 아이들 머리 사이로 한 아이가 고개를 불쑥 내밀었어요. 이것저것 아는 게 많은 척척박사 민호였어요.

"맙소사. 넌 왕족이 아니잖아. 그들은 모두 왕족이었다고. 게다가 서로 결혼으로 맺어진 사이였어. 네가 영국 여왕 되겠다고 한 소문이 사실인지 보러왔더니. 정말이네."

미영이는 조금도 기죽지 않고 말했어요.

"그래? 그렇다면 영국에 가서 왕족과 결혼하겠어. 영국 여왕이 될 아이를 낳을 거야."

때마침 수업을 알리는 종소리가 울렸어요. 미영이를 둘러싸고 있었던 아이들은 한가득 미소 띤 채 자리로 돌아갔어요. 민호도 '참 재미있는 아이야.'라고 생각하면서 재빨리 자기 반으로 돌아갔답니다.

대통령이 없는 나라

과거에는 왕이 나라를 다스렸어요. 이를 '군주제'라고 해요. 군주란, 대를 이어 나라를 다스리는 최고 지위에 있는 사람을 이르는 말로, 왕을 뜻하지요. 오늘날에는 왕이 아닌 국민이 뽑은 대통령이 다스리는 나라가 많아요. 그러나 여전히 왕은 존재해요. 왕이 있는 나라는 유럽의 영국, 네덜란드, 덴마크, 스페인 등이 아프리카에는 모로코와 레소토가 아시아에는 일본, 말레이시아, 태국(타이), 사우디아라비아 등이 있어요.

군주제는 헌법에 왕의 권력이 제한되는 입헌 군주제와 과거처럼 절대적인 권력을 가지고 나라를 다스리는 절대 군주제가 있어요. 입헌 군주제는 영국이나 일본처럼 직접 나라를 다스리지 않고 상징적으로 남아 있을

뿐이에요. 대신 국민이 뽑은 국회 의원이 모인 의회에서 수상(또는 총리)을 뽑고 수상이 대통령 역할을 하는 의원 내각제로 나라를 다스립니다. 반면, 사우디 가문이 대를 이어 통치를 하는 사우디아라비아는 절대 군주제이지요.

이 밖에 프랑스, 폴란드, 핀란드, 오스트리아, 포르투갈처럼 총리와 대통령이 나랏일을 하는 이원 집정제, 중국 공산당같이 하나의 당이 절대 권력을 갖는 일당 독재제, 이란같이 이슬람교의 지도자 아래 대통령이 있는 신정 정치 체제 등이 있어요.

'조지 워싱턴'이 알려 주는 대통령제

대통령제는 군주제가 무너진 나라에서 나타나. 이를테면 한국은 조선 왕조의 명맥을 이어 대한 제국 황제로 즉위한 순종이 마지막 왕이야. 일본에 나라를 빼앗긴 탓에 군주제가 무너졌어. 그리고 독립운동을 위해 해외로 나간 독립운동가들이 여러 임시 정부를 세웠는데, 하나로 합쳐지면서 상해 임시정부의 대한민국으로 통일됐지. 의원 내각제, 대통령제, 집단 지도 체제, 주석제 등을 하다가 광복 뒤에는 대통령제를 채택했어.

미국은 16세기부터 유럽에서 사람들이 이주해 왔는데, 영국에서 온 사람들은 13개 지역에 자리를 잡았어. 영국은 식민지인 이들 지역 사람에게 세금을 내라고 했어. 이에 불만을 가진 사람들은 1775년 영국에 대항해 전쟁을 일으켰어. 이때 내가 독립군의 총사령관이 되어 이듬해에 독립 선언서를 발표했지. 그리고 프랑스, 스페인, 네덜란드의 도움으로 독립을 했어. 더는 영국 여왕의 지배를 받지 않는 나라가 된 거야.

1789년에 미국 헌법을 발표하고 내가 초대 대통령이 됐어. 즉, 세계 최초로 대통령제를 시행한 나라가 미국이고, 나 조지 워싱턴이 세계 최초의 대통령이 된 거란 말이지.

대통령은 외국에 대해 나라를 대표하는 '국가 원수'이자, 정부의 우두머리로서 '행정부 수반'이야. 예전에 나는 영국 여왕의 신하였지만, 대통령이 된 뒤에는 미국을 대표해 영국 여왕과 같은 자리에 앉을 수 있게 된 거지. 또 행정이란 법에 따라서 하는 나라 살림이라 할 수 있는데, 이런 일을 할 공무원들을 임명하는 권한을 가지고 있어.

대통령이 됐다고 해서 뭐든지 마음대로 할 수 있는 건 아니야. 대통령으로서 나라의 독립과 영토를 지켜야 하고, 국민과 마찬가지로 헌법도 지켜야 해. 외교적으로 문제가 생기지 않도록 해야 하고, 국민이 잘살게 할 방법도 찾아야 해. 나라를 대표하는 사람으로서 책임과 의무가 아주 크단다.

유럽 왕실이 복잡한 이유

과거 유럽에서는 오늘날과 같은 거대한 왕국만 있었던 게 아니야. 여러 마을을 합친 정도의 작은 왕국이 많았는데, 강하고 오랜 역사를 가진 왕국이 되려면 전쟁을 일으켜 이웃 나라를 빼앗을 수밖에 없었어. 만일 전쟁할 만큼 강하지 못하다면 크고 강한 나라와 혼인 관계를 맺어 왕국을 지켜나갔지.

프랑스의 왕 루이 16세와 결혼한 마리 앙투아네트는 오스트리아 여왕 마리아 테레지아의 막내딸이야. 유럽 대륙에서 세력을 넓혀가던 프랑스와 오스트리아는 새로운 강국으로 떠오르던 프로이센을 견제해야 했어. 이를 위해 두 나라는 정략결혼을 통해 동맹을 맺었어.

정략결혼은 간혹 비극으로 이어지기도 했어. 강대국 여성이 결혼해 다른 나라의 왕비가 됐지만, 그 나라에서 좋지 못한 대접을 받거나 무시당한다는 소식이 전해지면 전쟁이 일어나거나 나라 간에 사이가 나빠지기도 했어.

06 선거와 투표 1
대선이와 지선이

벽에 사진이 줄줄이 붙어 있는 곳에 아이들이 옹기종기 모여 있어요.

"벽에다 커다란 증명사진 같은 걸 잔뜩 붙여놓았네. 후보가 이렇게 많아?"

아리의 말에 민호가 대답했어요.

"이번엔 대선 끝나고 곧 지방 선거가 있어서 그래."

"대선이 뭐야? 지방 선거? 여긴 서울이잖아. 서울에서 지방 선거를 왜 해?"

현승이가 이해할 수 없다는 듯 눈알을 굴리며 물었어요.

"'대선'은 '대통령을 뽑는 선거'라는 말이야."

현승이는 재미있다는 듯 말했어요.

"오호, 줄임말이네. 지방 선거는 '지선'이라고 하면 되나?"

미영이는 사진들을 훑어보며 말했어요.

"뭐야, 진짜 사람 이름 같잖아. 여기 봐 봐. 이 사진 속 아저씨는 이름이 대선이야."

'박대선'이라는 이름이 붙은 사진에 아이들의 시선이 몰렸다가 민호에게 향했어요.

 "지방 선거는 지선이라고 안 해. 지방은 서울을 제외한 다른 곳을 말하기도 하지만, 중앙 아래에 있는 걸 말하는 거야."

 "중앙? 중앙은 서울인걸? 한반도 지도를 봐 봐. 서울이 중앙이야."

 아리가 자신만만하게 말했어요. 미영이는 민호의 표정을 보고는 오른손 검지를 흔들었어요. 민호는 미영이를 보고는 제법인걸, 하는 표정을 지었어요.

"여기서 중앙은 정부를 말하는 거야. 대한민국 정부가 중앙이고, 그 아래에 지방 정부가 있는 거라고."

아리, 현승, 미영은 하나같이 알아들은 듯 '아하' 하고 가볍게 소리를 냈어요. 하지만 저마다 샐쭉거리거나 눈을 끔벅거리거나 미간을 찌푸렸답니다.

중앙 정부와 지방 정부

흔히 대통령이 뽑은 공무원들을 중심으로 나라의 살림을 맡아보는 곳을 '정부'라고 해요. 그래서 대통령의 이름을 따거나 대통령이 내세우는 뜻 또는 특징을 덧붙이기도 하지요. 더 넓게는 입법부·사법부·행정부를 포함하는 국가 기관을 뜻하는데, 이를 '중앙 정부'라고 해요.

입법부는 국민이 살아가는 데에 필요한 법을 만들어요. 사법부는 입법부에서 만든 법으로 나라의 일을 처리해요. 행정부는 건강과 복지, 교육 등 국민이 행복하게 살도록 많은 것을 담당하지요. 그리고 중앙 정부가 만든 법과 규칙 아래에서 서울, 경기, 대전, 대구, 부산 등 각 지역의 살림을 맡아 하는 정부를 '지방 정부'라고 합니다.

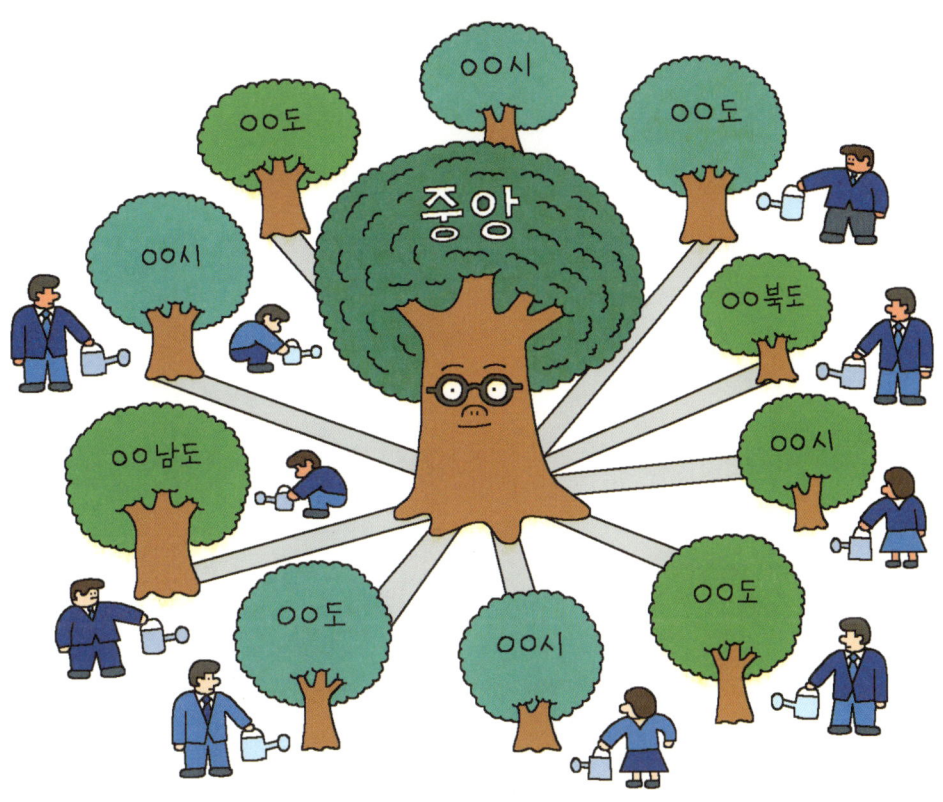

　차도 많고 사람도 많은 서울에는 건널목도 많고 신호등도 곳곳에 있어요. 하지만 집들이 드문드문 있는 산골에는 그럴 필요가 없지요. 이렇듯 지역마다 형편이 다릅니다. 그런데 중앙 정부에서 모든 지역에 똑같이 신호등을 설치하면 어떤 일이 벌어질까요? 어느 곳에서는 세금을 허투루 쓰는 셈이 되고, 어느 곳에서는 세금이 턱없이 부족할 수 있어요. 각 지역의 특색에 맞게 세금을 어떻게 쓰는 게 지역 주민들에게 이로운지는 그곳에 사는 사람이 더 잘 알 거예요. 그래서 지역 주민들이 스스로 대표를 뽑아 그 지역의 발전을 위해 일을 처리하도록 했어요. 이를 '지방 자치 제도'라고 해요.

'에이브러햄 링컨'이 알려 주는 선거의 종류

선거'는 크게 대선, 총선, 지방 선거가 있어. 대선은 대통령을 뽑는 선거이고, 총선은 국회 의원 전부를 한꺼번에 뽑는 선거, 지방 선거는 지방 정부를 이뤄 지역을 이끌어나갈 대표와 지방 의원들을 뽑는 거야.

총선은 대통령제 국가에서는 국회 의원들의 임기가 끝나 새로 뽑아야 할 때 해. 의원 내각제에서는 국회가 해산했을 때도 총선을 하지. 의원 내각제에서는 행정부의 대표인 총리 또는 수상을 입법부 의원 중에서 뽑아. 대개 의원 수가 많은 정당에서 선출되지. 따라서 입법부에서 총리(수상)를 신뢰

하지 못할 때 의견을 모아 일을 맡기지 않겠다고 할 수 있어. 이때 총리는 자신도 물러나면서 국회를 해산시킬 수 있어. 그러면 국회 의원들은 임기를 채우지 못하고 물러나야 해. 이때 새로이 국회 의원을 뽑는 총선을 하는 거야.

보궐 선거는 '선거법에 어긋나지 않게' 당선된 국회 의원이 임기 중에 죽거나 스스로 자리에서 물러나거나 어떤 잘못을 저질러서 사퇴했을 때, 남은 기간 그 빈자리를 채울 사람을 뽑는 거야. '재선거'는 선거 자체에 문제가 있거나 당선자가 없을 때 다시 한번 선거를 치르는 거야.

7전 8기의 에이브러햄 링컨

　나만큼 온갖 선거를 경험한 사람이 있을까? 그리고 나만큼 선거에서 많이 떨어진 사람이 또 있을까? 23세에 주의회 의원을 시작으로 하원 의장, 대통령, 부통령, 상원 의원에 도전했는데, 총 8번이나 떨어졌어. 물론 2번은 당선됐어. 하지만 처음 주의회 선거에 당선됐을 때는 사랑하는 사람이 병으로 죽었어. 신경 쇠약과 인격이 분열되는 조현병을 앓았을 만큼 몸과 마음이 아팠지.

　나는 여러 번 실패한 경험이 있지만, 뒤로 물러나는 사람은 아니야. 51세에 또다시 대통령에 도전했어. 어떻게 됐을까? 알다시피 미국의 제16대 대

 통령이 됐어. "국민의, 국민에 의한, 국민을 위한 정부"라는 말 알지? 내가 남북 전쟁에서 연설 중에 한 말이야.

 "선거를 행하지 않으면 우리는 자유로운 정치를 행할 수 없다."는 것도 기억하길 바라. 미국은 남북 전쟁 중에 선거를 해야 했어. 혼란한 시기에 선거를 하는 건 무리라고 생각하는 사람도 있었지. 하지만, 선거를 하지 않는 건 정치를 포기하는 것이나 다름없어. 한 나라에 정치가 없다는 건, 나라를 포기하는 것과 같아. 이렇듯 선거는 누군가를 뽑는 일 이상의 의미가 있어.

07 공약은 빈말이 돼선 안 돼
선거와 투표 2

현승이는 할머니 심부름으로 할아버지와 읍내 장터에 나왔어요. 할머니가 사 오라고 한 것을 찾느라 이리저리 두리번거리고 있는데, 할아버지가 갑자기 멈춰 섰어요.

"저 사람 또 나와서 설치고 다니네."

"아는 사람이에요?"

"수년 전에 잘 말려서 창고에 넣어둔 고추를 누가 훔쳐 갔어. 우리 마을뿐만 아니라 이웃 마을까지 도둑이 들었단다. 잣도 훔쳐 가고, 포도도 훔쳐 가고."

"저 사람이 그 도둑이에요?"

"아니. 파출소에서 여러 번 나와서 샅샅이 살펴보고 갔는데, 도둑을 잡지 못했어."

"그런데 왜 저 사람을 못마땅해해요?"

"그때 먼저 하던 군수가 죄를 지어서 붙잡혀 간 탓에 보궐 선거가 한창이었어. 저 사람이 새로 군수가 되겠다고 번지르르하게 차려입고는 마을을 한바탕 돌아보고 갔지. 반드시 도둑을 잡겠다고 약속까지 하고 갔단다."

"군수가 안 됐나 봐요."

"군수가 안 돼도 꼭 잡겠다고 했어. 자기 돈을 써서 CCTV를 설치하겠다고도 했지. 그런데 죄다 말뿐이었어. 난 그런 줄도 모르고 저 사람을 뽑았단다. 그런데 또 이번에도 군수가 되겠다고 선거에 나선 거야."

"할아버지, 이번에는 말로만 하겠다는 사람 말고 실천할 사람을 뽑으세요."

할아버지는 고개를 절레절레 저으며 말했어요.

"정치인들은 하나같이 말로만 떠들어대. 공약이랍시고 내세운 것들 무엇 하나 시원스레 해낸 꼴을 본 적이 없어."

현승이는 할아버지의 손을 꼭 잡은 채 말했어요.

"우리는 할머니가 실망하게 하지 말아요. 하나도 빼먹지 말고 다 사요."

공약

대통령이든, 국회 의원이든, 지역 대표든 많은 후보가 나섭니다. 그들 중 어떤 사람을 뽑아야 할까요? 외모? 나이? 학력? 잘생겼거나 착해 보인다고 해서, 학창 시절에 공부 좀 잘했다고 해서, 나이가 많다고 해서 일을 잘하는 건 아니죠.

후보에 대해 자세히 아는 건 쉽지 않아요. 자기 경력을 부풀리거나 거짓으로 말할 수 있기 때문이죠. 중요한 건 후보가 당선되면 국민을 위해 무슨 일을 할지 살펴봐야 해요. 선거에 나선 후보는 지역 또는 나라를 위해 어떤 일을 하겠다고 약속하는데, 이것이 '공약'이에요.

그 공약이 실천할 수 있는 것인지도 꼼꼼히 살펴봐야 해요. 실제로 '당선되면 전 국민에게 1억 원씩 주겠다.' 같은 공약도 있지요. 정말로 1억 원을 주면 좋겠지만, 허무맹랑한 공약이 될 수밖에 없어요. 나라의 세금을 쓰는 일은 대통령 마음대로 할 수 없거든요.

당선된 사람은 자신이 내건 공약을 지키기 위해 노력하지만, 모든 것을 지키기는 어려워요. 세금을 많이 써야 하는 공약을 실천하려면 관련 기관의 허락을 받아야 해요. 반대 의견이 나올 수 있지요. 또한 공약 때문에 손해를 보는 사람의 거센 항의를 받을 수 있어요. 법률이나 규칙에 어긋나지 않는지도 확인해야 해요.

반면, 선거에 참여한 유권자들은 공약이 잘 지켜지는지 관심을 가져야 해요. 약속은 지켜져야 하지만, 말로만 그칠 때도 있기 때문이죠. 아는 사람끼리 한 약속은 서로 의논해서 미루거나 바꿀 수 있어요. 친한 경우에는 지키지 못하더라도 그럴 수 있다고 여기고 넘어가기도 하지요. 하지만 후보자가 유권자들에게 한 약속은 다릅니다. 공약은 유권자들의 한 표 한 표와 맞바꾸기 위해 내놓은 조건과 다름없기 때문이죠. 따라서 공약을 실천하려는 시도라도 해야 해요. 만일 당선자가 자신의 공약을 지키기 위해 어떠한 노력도 하지 않는다면, 그것은 헛된 말장난이나 속임수가 되고 만답니다.

'에밀리 데이비슨'이 말하는 젊어지는 정치

　한국에서는 2022년부터 국회 의원 선거와 지방 선거에 만 18세도 출마할 수 있다지? 한국에도 젊은 정치인들이 많아지겠군. 생일이 지난 고등학교 3학년 학생이 나선다면 어떤 공약을 내세울까?

　학생들에게만 좋은 공약이라면 좀 곤란한데…. 흠, 대통령은 만 40세가 돼야 출마할 수 있군. 이미 이탈리아, 프랑스, 뉴질랜드, 핀란드, 엘살바도르, 칠레, 조지아, 코소보 같은 나라는 20~30대 지도자가 나왔는데 말이야. 놀라지 마. 프랑스에서는 만 18세부터 대통령 후보가 될 수 있어. 한국의 어떤 후보가 대통령이 될 수 있는 나이를 더 낮춘다고 공약을 내세웠다는데 지켜보겠어.

　현대에는 더 많은 사람이 정치에 참여하도록 나이를 낮추고 있지. 하지만 민주주의의 기원이라 할 수 있는 아테네나 스파르타에서는 선거권을 가

 진 사람은 성인 남자뿐이었어. 여성, 노예, 외국인은 선거에 참여할 수 없었지. 선거권도 안 주는데, 후보 자격이라고 있을 리 없어.
 이제는 남녀 모두 선거에 참여하고 있고, 여성이 나라를 대표하는 지도자가 되기도 해. 하지만 여성이 선거권을 가지게 된 건, 1893년에 뉴질랜드가 처음이었어. 호주(오스트레일리아)는 1902년, 독일은 1919년, 미국은 1920년, 영국 1928년, 이탈리아와 일본은 1945년, 프랑스 1946년, 한국은 1948년, 그리스 1951년, 멕시코 1953년, 스위스 1971년, 사우디아라비아는 가장 늦은 2015년이란다.

에밀리 데이비슨의 목숨을 건 항의

영국에서는 1688년 명예혁명이 일어나 전제 군주제에서 입헌 군주제로 바뀌었어. 그리고 이듬해에 '영국 의회와 영국 국민만이 누릴 수 있는 권리와 자유를 선언하고 왕위 계승을 정하는 법률'이 선포됐어. 드디어 온 국민이 선거에 나설 수 있다고 생각했지.

그런데 부자와 귀족에게만 기회가 주어졌어. 물론 여자는 예외였지. 내 원 참, 전체 인구의 2%만 국민인 건가. 나를 비롯해 많은 여성이 정치에 참여하게 해 달라고 했어. 하지만 번번이 체포됐어. 많은 사람의 관심이 끌어내기 위해 난 국왕과 귀족이 구경하는 경마 대회를 보러 간 척하면서 국왕의 말 앞으로 뛰어들었어.

결국 말발굽에 짓밟히고 말았지만, 내 장례식에 5천 명 이상의 여성들과 지지자들이 행렬을 이루었더군. 마침내 1918년에는 30세 이상의 여성, 1928년에는 21세 이상의 모든 여성이 정치에 참여할 수 있는 권리를 가지게 됐어.

08 입법부
양복 입은 싸움꾼들

할머니가 방에서 나오면서 할아버지에게 한마디 했어요.

"텔레비전 좀 꺼요."

할아버지는 할머니를 올려다보며 말했어요.

"늙은이들도 정치에 관심을 가져야지. 나라가 어찌 돌아가는지는 알아야 할 것 아니요."

할머니는 한숨을 크게 내쉬었어요.

"국회 의원들이 옥신각신 다투고 싸우는 거 뭐가 보기 좋다고. 현승이가 보고 뭘 배우겠어요."

현승이는 할머니와 할아버지를 번갈아 보았어요.

"할머니 할아버지, 지금 싸우는 거예요?"

할아버지는 리모컨을 들어 텔레비전을 끄면서 말했어요.

"허허, 아니야. 내가 생각이 좀 짧았어. 할머니 말씀이 맞아."

"작은 막대기를 뺏기지 않으려고 하는 게 좀 웃겨요."

킥킥거리며 웃는 현승이를 바라보며 할아버지가 말했어요.

"뜻이 맞지 않으니 답답한가 보다. 국회의 대표인 국회 의장이 저 의사봉을 두드리면 끝나는 거거든."

"뭐가 끝나요?"

"국회에서 새로운 법을 통과시키려고 했는데, 그것을 반대하는 쪽에서 못하게 막으려고 했단다. 의사봉을 3번 두드리면 통과됐다는 뜻이니까."

"아하, 그래서 누구는 의사봉을 뺏으려고 하고, 누구는 막으려고 하고 난리였구나. 그렇다고 소리를 지르고 옷을 마구 잡아당기면서 싸워요?"

할아버지는 할머니가 내쉰 것보다 더 큰 한숨을 내뱉었어요.

"어쩌다가 가끔 그러는데, 창피한 줄 몰라요. 어른이 어른답지 못해서 내가 다 미안하구나."

국회 의원이 하는 일

모든 국민이 국가의 일을 결정할 수는 없어요. 그래서 일정 지역의 국민을 대표하는 국회 의원들을 뽑아 그 일을 하게 하지요. 국회 의원은 국민이 선거에 참여해 직접 뽑아요. 한국의 경우 국회 의원이 되면 4년간 일할 수 있고, 지역구 253인과 비례 대표 47인(2023년 기준)으로 되어 있어요. 국회 의원 선거를 할 때는 두 번 투표하는데, 한 번은 내가 사는 지역의 후보를 뽑고(지역구 의원), 나머지 한 번은 자신이 지지하는 정당을 뽑아요(비례 대표 의원).

국회 의원은 국민의 대표 기관인 국회이자 입법부에서 법률을 만들고, 나라의 살림을 맡은 행정부가 일을 제대로 하는지 살펴요. 이따금 텔레비전에서 국회 의원들이 모여 청문회를 하는 모습을 볼 수 있어요.

'청문회'란 어떤 문제에 대해 관련 내용과 정보를 알아내고, 전문가에게 자세히 물어보는 제도예요. 나라에 큰 사건이 발생했을 때 자세히 조사하거나 나라의 일이 잘 진행되고 있는지 확인하는 조사 청문회, 법을 만들 때 조사하는 입법 청문회, 대통령이 정부의 중요한 자리에 임명하고자 하는 사람이 그 일을 할 만한 능력과 자질이 있는지 확인하는 인사 청문회가 있어요.

또, 나라의 살림을 꾸려나가는 데는 돈이 필요하지요. 이를 위해 국민으로부터 세금을 걷어요. 한 해에 필요한 비용을 미리 헤아려 계산하는 것을 '예산'이라고 해요. 예산을 정해야 세금을 얼마나 걷고 어디에 쓸 것인지 결정할 수 있지요. 세금은 국민이 내는 것이므로 국민의 대표가 모인 국회에서 결정합니다.

   국회 의원은 정당의 일원이기도 하므로, 정당을 대표하기도 해요. 그러나 국민이 뽑아 주지 않으면 국회 의원이 될 수 없으므로 국민의 대표로 일하는 게 우선이에요. 따라서 국회에서 어떤 사항을 결정하기 위해 투표를 할 때는 자신이 몸담은 정당보다는 국민을 위해 양심적으로 해야 해요.

'몽테스키외'가 말하는 삼권 분립

"민족마다 정치 제도와 법률은 다르지만, … 정부의 권력을 분리시켜 서로 일을 잘할 수 있도록 균형을 잡아야 한다."

이 말은 내가 《법의 정신》에서 한 말이야. 처음 권력을 나눠야 한다는 생각은 영국의 존 로크가 했어. 성직자가 됐을지 모르는 그는 왕이 종교를 좌지우지하는 것을 보면서 개인이 어떤 종교를 믿든 국가나 왕이 강요해선 안 된다고 여겼지. 국가가 금지하는 신을 믿어서는 안 된다는 법을 왕이 만들면, 사람들은 믿음을 가지는 것조차 마음대로 할 수 없게 되잖아. 이를 위해 입법과 행정을 나눠야 하고, 왕은 법에 따라 행정을 해야 한다고 했어.

당시 프랑스는 스스로 '태양왕'이라고 칭하던 루이 14세가 절대 권력을 쥐고 있었어. 왕의 권한은 신이 내려준 것이라고 했지. 오죽하면 "짐이 곧 국가다."라는 말까지 나돌았을까.

바다 건너 이웃 나라 영국이 조금 부러웠어. 입법과 행정을 나눠야 한다는 로크의 영향을 받은 영국은 입헌 군주제가 됐거든. 영국 국왕은 법에 따라 나라의 일을 처리하고, 영국 국민은 그 덕분에 더 많은 자유를 누렸어.

나는 프랑스도 영국처럼 돼야 한다고 믿었어. 하지만, 사람이 너무 평등과 자유를 누리다 보면 나쁜 일이 생길 수 있어. 따라서 온 국민이 누릴 수 있는 법을 만드는 일(입법)과 그 법을 알맞게 이용하는 일(행정)로만 나눌 게 아니라, 그 법을 평등하게 적용하도록 옳게 해석하는 일(사법)도 분리해야 한다고 생각했어. 그것이 바로 '삼권 분립'이야.

몽테스키외가 말하는 법이란?

내가 볼 때 모든 존재는 그 자신의 법을 가지고 있어. 예를 들면 신은 신의 법을 가지고 있고, 물질은 물질의 법을 가지고 있지. 천사와 짐승도 각각 그들의 법을 가지고 있고, 인간은 인간의 법을 가지고 있어.

따라서 법은 새로 만드는 게 아니라, 이미 있는 이런 법들과 관계를 맺는 거라고 생각해. 인간에게 주어진 신의 지혜를 되찾는 거지. 그러려면 평소에 선량한 마음이 드러나야 해. 나쁜 마음을 품고 있다면 타인을 해칠 법만 떠올리지 않겠어? 내 말대로 이 세상에 모든 법이 이미 존재한다면 너희는 어떤 법을 찾아내고 싶니?

09 법과 심판 제도
옳고 그름을 가려내는 일

미영이와 아리, 민호는 마주 보고 앉아 급식을 먹고 있어요.

"너희 그거 아냐? 우리가 먹는 이 급식 때문에 국민 투표한 거?"

반찬을 집어 한가득 입에 넣고는 우물우물 씹던 미영이는 관심이 있는지 민호를 쳐다보았어요.

아리가 말했어요.

"할머니는 도시락을 많게는 하루에 6개나 쌌대. 엄마한테 도시락 안 싸서 좋겠다고 하셨어."

"너희는 어때? 무상 급식은 형편이 어려운 아이만 해야 할까? 아니면 부자 아이도 해야 할까?"

"가난한 아이만 급식하면, 놀림감이 되고 말걸."

아리는 미영이의 말에 맞장구를 쳤어요.

"고급 아파트에 산다고 잘난 척하는 애들도 있잖아. 쳇, 부모가 부자지, 자기들이 부자인가."

"그때 서울 시장은 무상 급식을 하면 많은 돈이 든다는 이유로 일부만 하자고 했대. 하지만 반대쪽에서는 모든 아이가 무상 급식의 혜택을 받아야 한다고 했어. 그러자 시장은 국민 투표를 하자고 했어. 만일 국민이 반대한다면 자신이 시장 자리에서 물러나겠다고까지 했대."

"오, 아주 흥미진진한데, 그래서?"

"시장의 의견에 반대하는 사람들은 국민 투표 하는 데 드는 비용으로 무상 급식을 하는 게 낫다고 했어. 그리고 무상 급식에 대한 국민 투표를 결정하는 건 시장이 아니라 교육감이 할 일이라고도 했지. 그러면서 헌법 재판소에서 결정을 내려달라고 했대."

미영이는 어이없다는 표정을 지었어요.

"무상 급식 때문에 국민 투표에 재판까지? 어른들은 일을 왜 이렇게 복잡하게 하지?"

아리는 먹던 걸 멈추고 말했어요.

"재판? 그거 범죄자들만 하는 거 아니야? 게다가 넌 이런 일을 어떻게 아는 거냐?"

"형이 공부하다가 무상 급식에 대해 나왔대. 그래서 저녁 식사 내내 다 같이 그 이야기만 했어."

미영이는 민호를 뚫어지게 쳐다보며 말했어요.

"넌 좋겠다. 공부 잘하는 형제를 둬서 밥을 먹으면서도 똑똑해지네."

헌법 재판소와 무상 급식

재판이란 옳고 그름을 따지는 일이에요. 재판은 범죄에만 관련이 있는 게 아니에요. 사람들은 어떤 일에 대해 자기만의 의견이 있어요. 이 의견들이 일치되면 좋지만, 그렇지 않을 때가 많죠.

무상 급식에 대한 것도 마찬가지예요. 무상 급식은 무료로 음식을 제공하는 거예요. 음식을 받는 사람은 돈을 낼 필요가 없지만, 식사를 준비하는 측에서는 돈이 들지요.

나라에서 무상 급식을 할 때는 세금으로 충당합니다. 당시 무상 급식에 들어가는 비용을 1년에 695억 원으로 추정했는데, 당시 서울시 예산이 20조 이상인 상황에서 빚이 25조나 됐어요. 서울시 측에서는 세금을 쓰

는 데 신중해야 했죠. 그런데 주민 투표를 위해 182억이나 더 들어야 하니, 국민도 의견이 분분했어요.

  헌법 재판소는 범죄자의 죄를 따지는 재판소와는 달리, 특정한 상황에서 그 일이 법에 위반되는지를 심판하는 특별 재판소예요. 헌법은 가장 기본이 되는 법이지만, 시대가 변하면서 헌법을 적용하기 어렵거나 사람마다 해석이 달라 다툼이 생기곤 해요.

  나라에서 국회와 합심해 법을 만들고는 온 국민에게 강제적으로 시행하려 할 때, 국민은 그것이 헌법에 어긋나는지 심사를 해 달라고 할 수 있어요. 어떤 정당이 헌법 질서를 어지럽혔다고 판단해 정부가 그 정당이 해산할 것을 요구할 수도 있지요. 대통령이나 장관 등이 큰 잘못을 저질러 국회에서 파면을 요구할 때도 그것을 심판해요.

'아리스토텔레스'가 알려 주는 법과 정의

법은 '**정의**'를 실현하는 수단이라고들 하지. 난 정의를 "사람들이 각자 마땅한 몫을 받는 것"이라고 했어. 모든 아이가 무상 급식을 받아야 한다고 생각하는 사람들은 부모가 내는 세금에는 마땅히 그 아이들이 받아야 할 몫이 포함되어 있다고 여길 거야. 그러므로 돈이 많이 들더라도 무상 급식이 당연하다고 여기는 사람들에겐 '공평=정의'일 거야.

반대로, 부자들은 절대 굶을 일도 없고 더 비싸고 좋은 음식을 먹을 수 있으므로 부자 아이들을 위해 쓸 세금을 다른 데 쓰는 게 낫다고 여길 수 있어. 이런 사람들은 '더 쓸모 있는 것=정의'라고 생각할 거야. 하지만 '무상 급식을 먹는 아이=가난한 아이'라고 생각하는 사람들도 있을 수 있으므로, 아이들 속에서 차별이 생길 수 있어.

현대에는 '정의'를 인간이 언제 어디서나 추구하고자 하는 바르고 곧은 것이라고 해. 안타깝게도 사람마다 추구하고자 하는 것이 다르므로 '바르고 곧은 것' 또한 다를 수밖에 없어. 이러한 다름을 해결하는 데 필요한 건 무엇일까? 그게 법이야. 이제 범죄자를 처벌하는 것 말고도 왜 법이 필요한지 잘 알겠지?

정의의 여신

법을 대표하는 상징물로 정의의 여신이 있어. 그리스에서는 '디케' 또는 '아스트라이아', 로마에서는 '유스타치아'라고 불렀어. 눈을 가린 채 오른손엔 칼을, 왼손엔 추로 무게를 다는 저울인 천칭을 들고 있지.

눈을 가린 건, 법의 심판을 받는 이가 누구인지 보지 않음으로써 사사로움을 없애고 공평하게 하려는 거야. 착해 보인다고, 예쁘거나 잘생겼다고, 아는 사람이라고, 유명한 사람이라고 죄를 없애거나 가벼운 벌만 주면 안 되잖아.

천칭은 법을 추로 삼아서 잘잘못을 균형 있게 따지겠다는 것을 나타내. 칼은 판정 결과에 따라 단호하게 일을 처리하겠다는 것이지. 죄인을 감옥

에 오랫동안 가두기로 해 놓고 며칠 만에 풀어 준다면, 사람들은 법을 믿지 않겠지.

인도에서는 성폭행범이나 성범죄자로 의심되는 사람이 경찰의 수사도 받지 않은 채 집단으로 맞아서 숨지는 사건이 일어나곤 해. 끔찍하게도 시체를 불에 태우거나 탑에 매달아 놓기도 했어. 만일 그 사람이 진짜 범인이 아니라면? 피해자라는 사람이 거짓말을 한 것이라면?

따라서 이런 일이 벌어지지 않도록 법은 공정해야 하고, 사람들은 법을 신뢰해야 해.

재판을 공정하게 하려고 눈을 가렸지.

정치 관련 인물 소개

존 스튜어트 밀 영국의 철학자이자 정치 경제학자, 사회 과학자, 사상가(1806~1873). 경제학자이자 역사학자였던 아버지의 엄격한 조기 교육을 받았지만, 지적 호기심이 가득한 아이로 자랐다. 삶의 가장 큰 목표를 행복이라고 한 스승 벤담의 영향을 받았는데, 밀은 행복에도 질을 따져야 한다며 개인의 자율성을 중요하게 여겼다. 이런 생각을 바탕으로 자유주의와 사회 민주주의 정치사상의 발전에 큰 영향을 끼쳤다.

장 자크 루소 프랑스의 사상가이자 소설가(1712~1778). 인간은 자연 상태에서는 자유롭고 행복하고 착했으나, 인간이 행복하자고 만든 사회 제도나 문화로 부자유스러운 삶을 살아야 했고 불행에 빠졌으며 사악한 존재가 됐다고 했다. 이에 다시 참된 인간의 모습을 발견해야 한다고 했다. 이런 그의 생각은 자유 민권 사상으로 이어져 프랑스 혁명을 이끈 지도자들에게 큰 영향을 주었다.

유관순 일제 강점기에 충청남도 천안 아우내 장터에서 3·1 운동을 이끈 독립운동가(1902~1920). 조상과 정신적 가치를 중시하는 유교 문화를 지키면서도 교회에 다니며 자유와 평등의 기독교 사상을 받아들인 집안의 영향을 받았다. 선교사의 소개로 이화 학당에 입학한 이듬해 고종이 세상을 뜨자, 일제가 고종을 독살했다는 소문이 돌았다. 이에 일본 유학생들이 2월 8일에 독립 선언을 했고, 3월 1일 서울에서 만세 운동이 일어났다. 만세 운동이 전국으로 퍼져나가자 일제는 모든 학교에 강제로 휴교령을 내렸고, 고향으로 내려간 유관순은 '천안 아우내 만세 운동'에 참여했다.

에글렌타인 젭 영국의 사회 개혁가이자 세이브 더 칠드런의 창립자(1876~1928). 역사를 공부하고 교사가 되기 위해 공부한 뒤 1년간 교사 생활을 했다. 이때 어린이들이 곤경에 처하고 가난과 배고픔에 허덕이는 것을 깨닫고 교사를 포기했다. 이후 과학적으로 구호 사업을 하려는 이들과 인연이 닿아 함께 일했고, 전쟁에서 고통받은 어린이들을 돕기 위해 세이브 더 칠드런을 세웠다. 전쟁이 끝난 뒤에는 어린이의 권리와 그와 관련한 국제 사회의 의무를 주장하는 내용을 담은 아동 권리 선언문을 작성해 세계의 관심을 이끌었다.

조지 워싱턴 미국의 정치가이자 독립 혁명군 총사령관(1732~1799). 독립 전쟁을 성공으로 이끌어 '건국의 아버지'라고 불린다. 초대 대통령으로서 신생 국가인 미국이 오늘날 선진국이자 강대국으로서 기초를 다지는 데 크게 공헌했다. 사우스다코타주 러시모어산의 암벽에 미국을 빛낸 네 사람의 대통령 얼굴이 새겨져 있는데, 그중 한 사람이 조지 워싱턴이다.

에이브러햄 링컨 남북 전쟁에서 노예 해방을 주장한 북군을 승리로 이끈 미국의 제16대 대통령(1809~1865). 가난한 농민의 아들로 태어나 어려서부터 일을 했기 때문에 학교 교육은 거의 받지 않았지만, 독학으로 변호사가 되었다. 분열된 국가를 통합하고 노예제를 완전히 폐지한 그의 지도력은 여전히 기억되고 있다. 1865년 4월 워싱턴의 포드 극장에서 연극을 관람하던 중에 남부 사람이 쏜 총에 맞아 사망했다. 링컨도 러시모어산 암벽에 새겨져 있다.

에밀리 데이비슨 영국의 여성 참정권 운동가(1872~1913). 옥스퍼드 대학에서 공부했으나 여성을 차별하던 당시 상황에 따라 학위를 받지 못했다. 이후 사립 학교 교사와 가정 교사 등으로 일하다가 '여성 사회 정치 동맹'에 가입해 활동했다. 이 단체는 시위 도중 돌을 던진다던가, 우체통에 불을 지른다던가, 정치인의 집에 들어가려 한다던가 하는 식으로 과격한 행동으로 유명했다.

에밀리 데이비슨은 여성에게도 투표할 권리를 달라며 한 경마 대회에서 국왕 소유의 말에 뛰어들었다가 다쳤고 나흘 만에 사망했다. 이 사건을 계기로 1918년부터 30세 이상의 영국 여성은 투표할 수 있게 되었다.

샤를 루이 드 세콩다 몽테스키외 프랑스의 사상가(1689~1755). 개인의 이성과 자유를 중요하게 생각했으며 이것에 어긋나는 낡은 풍습과 제도 등을 고치자는 계몽 사상의 대표자이다. 10여 년간 《법의 정신》을 썼으며, 사법·입법·행정의 삼권 분립 이론을 내세웠다.

아리스토텔레스 고대 그리스 최고의 철학자이자 논리학자, 시인, 과학자(B.C. 384~B.C. 322). 플라톤에게 가르침을 받고, 알렉산더 대왕을 가르쳤다. 아테네시 외곽에 리케이온이라는 학원을 세워 항상 나무가 우거진 가로수 길을 산책하면서 강의했다. 여기에서 소요학파라는 이름이 유래됐는데, 소요란 '자유롭게 이리저리 슬슬 거닐며 돌아다닌다'는 뜻이다.

정치 관련 단어 풀이

공청회 국민에게 많은 영향을 끼치는 정책 등을 결정할 때 국회나 행정 기관에서 관련된 일을 하는 사람 또는 전문가, 국민 등이 모여 의논하는 모임.

청원 국민이 국가 기관에 자신의 의견이나 희망 사항을 전하는 일.

시민 혁명 부르주아 혁명이라고도 한다. 부유한 평민과 부르주아지로 불리는 도시의 기업가, 상인들이 나서서 왕을 몰아내고 사회의 주도권을 잡으려 한 역사적 사건.

최루탄 눈물샘을 자극하여 눈물을 흘리게 하는 시위 진압용 화학 무기.

이원 집정제 대통령 중심제와 의원 내각제를 결합한 정치 제도. 평상시에는 대통령이 국방·외교에 관한 권한을, 총리가 나라 살림에 관한 권한을 가지다가 비상시에는 대통령이 나선다.

일당 독재제 하나의 정당이 국가 권력을 갖는 정부. 중국 공산당이 대표적이다.

신정 정치 신의 대리인이라고 하는 직업적 종교인이 지배권을 가지고 종교 원리에 따라 나라를 다스리는 정치 형태.

남북 전쟁 노예제를 두고 심각한 갈등을 겪고 있던 미국에서 일어난 내전. 1860년에 노예제를 반대하는 링컨이 대통령에 당선되자 남부의 11개 주가 이에 반발해 전쟁이 벌어졌다. 남부가 1865년에 항복함으로써 미국은 다시 하나가 되었고 노예 제도는 폐지되었다.